APRENDIZ DE PALABRAS

APRENDIZ DE PALABRAS

Iulia Amaritei

Círculo Rojo
EDITORIAL

Primera edición: Febrero 2024

Depósito legal: AL 303-2024

ISBN: 978-84-1061-636-3

Impresión y encuadernación: Editorial Círculo Rojo

© Del texto: Iulia Amaritei
© Maquetación y diseño: Equipo de Editorial Círculo Rojo
Editorial Círculo Rojo

www.editorialcirculorojo.com
info@editorialcirculorojo.com

Impreso en España — Printed in Spain

Dedicado a Íngrid, David y Javier, que dan sentido a mi vida.

Gracias a Dios. Sin Él no sería quien soy.

PROHIBIDO

Soy como el vestido rojo
que no te arriesgas a poner,
como el tren que hoy esperas
y no te atreves a perder.

Soy todas las palabras mudas
que tu silencio ha escondido;
soy todo lo que has callado
y, sobre todo, incomprendido.

Soy la mañana en cafeína
y el calmante a la vez,
el grito susurrando apenas,
la juventud sin la vejez.

Soy todo lo que tú deseas
y no te atreves a plasmar:
amores como los pecados,
placeres faltos de pecar.

NO VALE LA PENA

«¡Déjalo, déjalo, no vale la pena!»,
me decían las horas perdidas en ese viaje.
Escucha mejor aquel río que suena
y siente mejor la ráfaga del viento salvaje.

Mis frágiles alas tocaban tus ojos. Decían:
«¡Déjalo, déjalo, no vale la pena!».
Dibuja mejor estas chispas con rojos
colores del decadente otoño que solo apena.

Dibujaba alguna sonrisa en la arena,
los ángeles se hundían en tu mirada astillada.
«¡Déjalo, déjalo, no vale la pena!
Te olvidará sin piedad y sin valor, desdichada».

En éter buscaba las palabras que antes
susurraban nuestra historia, ahora banal y obscena.
Unas letras como unos copos errantes decían:
«¡Déjalo, déjalo, no vale la pena!».

ECOS DEL ANHELO

El sonido de tus pasos gotea en el silencio
de la baldosa muda.
El parpadeo de tus ojos
es como la caída de una pluma de gorrión.

Me acuesto al margen del mundo
porque sé que mañana
tus abrazos encontrarán mi temblor.

Tus miradas agotarán
todas mis batallas
mientras mis besos habrán dibujado
labios en tu corazón.

SONRÍO

Hombros llenos de pétalos ahondan después
del dulce calvario que despierta el rocío.
Siento un olor de pedante perfume burgués,
te reconozco en él. Sutilmente, sonrío.

En el muro, un retrato cobarde cuelga
agarrado del insulso, despejado vacío.
Lo miro. No quiero que el presente te tenga
en malditos recuerdos. Sutilmente, sonrío.

Llevaré tus sedosos abrazos conmigo;
al marchar de este teatro embustero y umbrío,
quedará un abstracto, inefable enemigo.
Te contemplo en el cuadro. Sutilmente, sonrío.

Y sabrán que el perfume y el cuadro han quemado
los suspiros y besos del dramático *adío*.
Te hallaré en el mar o quizá en el prado,
sin rencor ni tristeza. Sutilmente sonrío.

VALIENTE

Ella andaba
desnuda
por las calles,
      levantando miradas,
      provocando preguntas.
Desnuda de las caras
que ellos suponían, de
todas las mentiras
que le tiraban
en el camino.
Ella, la que
      podría haber adulterado
      su pasado,
mordía
de su presente
con la rabia del perdedor,
pero
      con la sonrisa
del que ha vencido dos veces:
una vez
el enemigo
y la otra vez
      su misma vida.
La miraban de reojo
y ella
      los miraba
         de frente.
Pensaban:
«La peor de las peores».
Y ella

hubiera querido gritarles:
«¿Acaso sabéis vosotros
dónde se han roto
   mis alas?
¿Acaso sabéis
dónde he perdido
los latidos
   de mi corazón?».
   Pero seguía
andando, orgullosa de
quien era
y dolida
   de quien pensaban ellos
   que es.
Seguía andando
sabiendo que,
   al final,
el mismo camino que recorría
iba a apagar todas
las miradas, iba a
contestar
a todas las preguntas
que no le habían hecho
todavía.

PERDIDA

¿Tú no has visto en mi mirada
los ramos cómo están bailando?
Yo, temblorosa, asustada,
las flores rosas voy soltando.

Y sin contar con las praderas,
dibújame en mil colores.
¿Y qué más da lo que dijeras?
Perdida estoy en tus amores.

Se oye música barata:
relincha el torpe arcoíris.
Tú búscame como un pirata
está buscando sus daiquiris.

Apresurando primaveras,
levanto grandes catedrales.
Entre las flores y maderas
nos miran, fríos, los vitrales.

¿Tú no has visto en mi mirada
las flores cómo se marchitan?
Amor de otra temporada,
vivir la muerte me invitan.

MI JUVENTUD

Mi juventud llegó como las golondrinas que desgarran el cielo
o como el julio que hace estragos en un verano latente.
Aún dormían mis sueños cuando la respiración fresca de mi juventud
las despertó a gritos.
Mi juventud llegó para asustarme.
Así que subí en el barco, junto a todas mis desilusiones.
Ondeando en mis pensamientos, pegué fuego a las estrellas
y me olvidé de vivir.

DESPEDIDA

*(En memoria de Ángela,
el ser más luminoso que he conocido)*

Tírame piedras, pero déjame mirarte los ojos.
Pues una vez los pinté en vivos colores de hierba astuta
atrapada en la selva callada en tiernos cerrojos
de flores, que el sueño temprano con tristeza amputa.

Tírame piedras, pero déjame despacio recordar
tu sonrisa, esa fraudulenta triste alegría
que anteayer yo adulaba como a un hierático altar
pervirtiendo tu imprudente amor con falsa cortesía.

Tírame piedras, pero déjame mirar una vez más
tu pelo vagueando despampanante por el cielo,
ya que, dentro de poco, tranquilamente caminarás
por estas ondas negras como un inadvertido duelo.

Tírame piedras, pero déjame, por lo menos, creer
que los segundos pasados entre nosotras se quedan.
Ya sabes, para siempre ganando, para siempre perder;
prestamistas de vidas quieren a la muerte que vendan.

DESPUÉS DE ELLA

Un abrazo
por aquella sombra que se ha desvanecido,
pero que, aun así,
persigue tus sueños y tus despertares;
por las lágrimas que vierte cada respiro, en tu alma;
por cada beso suyo que sueña contigo.
Una agonizante lluvia
por cada ausente «buenos días, amor»
que tu soledad ha superado
a pesar del sol que sigue,
¡tan sinvergüenza!, matarte con su luz
por las mañanas.
Una caricia
por el silencio de tus domingos,
por el vestido que se ha quedado
en el armario,
esperando una eternidad
los senos y la cintura
que nunca más va a abrazar.
Un elogio
por ese corazón que sigue luchando
a pesar de los recuerdos que hurgan
en todas tus miradas húmedas.
Un abrazo
por todo lo que fue ella contigo,
por todo lo que tú eres sin ella.

ADELANTE

Cuelga tu corona de las estrellas,
deja que el velo caiga
y que las risas rompan las ventanas
del cielo desteñido.
No hay tiempo de llantos o jaulas,
el mundo nos ahoga.
Escribe tus recuerdos con amores
que nacen del futuro.

CAÓTICA

Ser como un punto en una línea recta,
cantarle a la luna sobre orgías de flores,
reírme en llantos, llorar con la risa,
soñar con diciembre en colores,

dormirme en la hierba que mis ojos ahoga.
Y tú, cerca de mí, como una vetusta hiedra,
que me susurres esperanzas valientes,
cubiertas en vestidos de piedra.

Soñolientos veranos que en árboles cuelgan
al margen del mundo derritan la luz que me quema.
Licores del cielo que llueven, en danzas,
que lean tenue un fonema.

Ser como un punto en una línea recta,
ser un paso inseguro en un gran escalón,
un cansado mediodía secante,
un vaso vacío de poción.

¡Y todo esto que a ti te encante!

DESAMOR

¿Adónde vuelan los pájaros,
ya que has cerrado el cielo?
¿La tristeza la puedo matar
o la secuestro hasta que tú
la rescates con tu sonrisa?
Tu pelo está cabalgando
por encima del olvido
y no bajan noches que estallen
como tu oscuro cabello.
Nuestro amor hubiera sido
perfecto sin disparar a las
palabras con la frialdad de
un descalabrado invierno.

ESCRITOS

Los escritos crecen hasta donde la mente puede comprender.
Turbios, llenos de esplendor, se deslizan por el pensamiento
en una espiral maloliente que nos lanzan
en un cataclismo de belleza, largo como toda nuestra vida.
Más bellas que los nenúfares,
hay palabras que nos esperan
enraizadas en el barro más espeso
del nuestro sentir.
Escritos apasionantes como los principios de viajes,
escritos que esperan la luna bailando en un vaso de vino tinto
mientras Miles Davies tan apenas se echa por encima del silencio,
como una acogedora telaraña.

MUSEO SIN TI

El cielo que se queda al marcharte me recuerda
a los domingos llanos, sin prisas ni ruidos;
a la cama vacía, al sórdido otoño desierto;
a la puerta cerrada y a sus malditos chirridos.

Del cielo ya no cuelgan los árboles y el viento
los llora, despechado —como una epifanía
de todo lo que ya no espero, de lo perdido ya—
en esta indecente, insensata y lúgubre agonía.

Hay huellas que no quedan, tu ida mata todo.
Las flores, aburridas, de lienzos y pinturas
con prisa, se despegan; festejan los miradores
borrachos de placeres y sedientos de torturas.

El cielo que se queda al marcharte me recuerda
a cuando, acechando tu pisada, me callaba:
unas lejanas Antárticas buscando el deshielo
y unos pobres amores buscando su esclava.

INVIERNO

Será porque el árbol
del cielo no se agarra,
sus ramas no escriben
en su azul pizarra.

Las hojas han perdido
el jade por sabidos,
anaranjados bosques,
entrados en olvidos.

El árbol duerme flores
que sueñan primaveras
y revivir perfumes
en miles de maderas.

JUNTOS

Te encontraré al final de todas las frases
que se han dicho y se dirán.
Te miraré hasta que mis ojos
en una espiral bailarán.
Hablaremos de sueños cumplidos.
Los días perplejos perderán
por las noches sus colores,
vencidos.
Y en tanto oscuro,
el deseo sabrá aludir a nuestra arma secreta:
letras, besos, aromas, abrazos
y un loco, triste, confundido Poeta.

SUFICIENTE

Tú me bastas
en un mundo en el cual
las sombras de los otros
no dibujan igual
la tristeza, los soles.
En un caos de locos
donde nadie se atreve
arreglar corazones,
donde el agua es verde
y el bosque azul,
donde encierran el amor
—ya inútil quimera—
en un triste baúl,
yo te tengo a ti
y a tus brazos tendidos,
que me agarran bien
cuando el mundo me viste
en sus trajes ceñidos;
me recuerdas por qué
verdear las montañas,
regalar corazones,
dibujar por igual
la tristeza, los soles
es sacar a la luz
la inútil quimera.

Suficiente
en un mundo en el
cual no encuentro
siquiera el amor
que a toda locura afrente.

PREGÚNTAME

Pregúntame por dónde he perdido
todos tus besos, tus caricias.
Porque no son el recuerdo ni el olvido
testigos de estas tristes injusticias.

Que tú, allí, sembrando primaveras
entre colores, desvistiendo cosas;
yo, enredada en noches frioleras,
vaticinando lluvias de rosas.

¿Qué es esto entre nosotros que no deja
ninguna huella en nuestros corazones?
¿Será el pasado —caótica madeja—
que canta ya sus últimas canciones?

Pregúntame por dónde he perdido
tu promesa, por cuál calzada,
ya que el destino había escogido
que la descubra justo en tu mirada.

ORACIÓN

Dios, no me lleves allí
donde mi alma ha dejado su sombra,
acúname en los mares
de frías penas que nadie las nombra.

No me lleves adonde
desdeñé sin cordura los abrazos:
no hay promesas que borren
los malditos y terribles rechazos.

No me lleves adonde
luz y cantares engreída pisé,
acúname en el sueño
de quien con el alma sangrando amé.

Dios, no me lleves allí
donde ayer descosí lo cosido:
no hay promesas que maten
el obstinado rencor consentido.

No me lleves adonde
el día se entrega a las noches cegadas:
me acunaré en Tu palma,
susurrándote alabanzas sagradas.

FELIZ

En mi mundo ideal seríamos cuatro
en esa naranja rodando.
De su fragancia, un vestido de niña
está colgando.
¡Y tanto amarillo se escurre en el
polvo y en las chanclas!

Y allí,
revolviendo los recuerdos,
esa chica callada, de puntillas,
su herida realza.
Y sus ojos tan verdes buscan,
soñadores, felices,
su infancia descalza.

ALFABETO

Sentada en un círculo,
miro como dibujas
las palabras sobre nosotros.
Empezarás con una A,
árida de sentimientos.
Sigues con la insulsa B,
basta como tu corazón.
Después dibujas una C,
cobarde como tu ego.
Luego esbozas una D,
tan despejada como me
descalabraste el alma.
E efímera como las
alas de las mariposas.
No paras de dibujar mil trazos.
Ten mucho cuidado,
no vaya a ser que una coma,
incluso, un punto
rompan el círculo donde,
sentada, espero una última letra
que zanje este estúpido amor.

EL ROJO CABALLO

El árbol dibuja aros con su hoja.
El río desdeña esta puesta del sol
y sigue fluyendo y sigue huyendo,
y nadie entiende qué más se le antoja
al rojo caballo del río bebiendo.

Sentimos los dos como mueren las horas.
El árbol llora con coronas de flores
y alguien sonidos está escribiendo
—un cántico triste de viejas cantoras—
al rojo caballo del río bebiendo.

Minutos desfilan. El recuerdo azul
se acerca a nosotros, lentamente, así
que un ubicuo Aleph está minuendo
esos tiempos oscuros de un pasado común.
El presente se queda vagueando aquí,
la historia revive diariamente muriendo
y el rojo caballo sigue al río bebiendo.

DESHONRA

Deshonra el sol si quema;
la marea si ahoga;
la nube si diluvia;
el bosque cuando te pierde;
el pájaro si no canta;
la noche si te despierta;
el día, loco por marchar;
los recuerdos si se borran;
el payaso suicida;
el beso sin tierno amor
el amor cuando te mata.

PALABRAS

Ten cuidado con esos sonidos.
No los grites,
no los aplastes,
no los ensucies.
Caerán en mi corazón
y allí
encontrarán un bonito jardín
donde florecerán y se transformarán
en suspiros.

NOSOTROS

¿Dónde quieres que te espere?
¿Más lejos del alma,
de la luna que me abre el camino
en los arbustos con calma
o bajo el sol rojo que apenas alienta?
Y cuando vendrás,
todas mis alegrías serán lluvia en tormenta
y las cometas rendidas
—plagiados, quemados idilios—
caerán en agostos de oro.
Y me contarás sobre tristes exilios.

¡El fuego y el viento,
ostentando un amor tan mezquino,
atrapados en placer opulento!

¿POR QUÉ?

¿Por qué no apoyas
tus pensamientos
en mi hombro?
No temas,
tanto te conozco,
sustentarás mi mirada hundida
en un voraz asombro.

GAVIOTA

Le digo al mar que se agache
cuando me habla de ti.
No es justo que la playa inerte
de sal se emborrache
y tú que seas, ¡lo juro!,
el desacierto más grande que
alguna vez cometí.

Tu nombre mide mis pasos y
el eco te llama.
La gaviota cojea su vuelo,
algunos fracasos
juntan la bala y el olivo
y tu recuerdo fantasma
busca en mi mente su fama.

Cuento las olas hundidas.
No hay oscuro ni luz.
No hay palabras que cubran siquiera
mis pocas heridas.
Pero sé gaviotas que
vuelan cojeando su ala,
vuelan en forma de cruz.

ÁRBOL DE POCA FE

Tus hojas aún sujetaban el cielo,
donde la libertad se atrevió a esconderse.
¡Oh, árbol de poca fe, vencido por los
rugosos caminos del viejo jardín!
Tus hojas estaban bebiendo del cielo
cuando cayeron en mi triste mirada.
La luna te adornaba como una tiara.
¡Oh, árbol de poca fe, desviste este miedo!
La libertad se esconde en un aleteo,
en un repentino grito de alegría,
en las ganas sueltas y desordenadas.
La libertad se esconde en la amante joven,
en las noches que ya no tienen horas,
también en el rojo y turbio vino añejo,
en la ola del mar, esa ofrenda rebelde
que acecha la orilla desnuda, la ve
y enamorada se derrite despacio.
Pero tú, mi querido árbol de poca fe,
dime, ¿dónde encerraré la libertad
si no hay quien sujete el cielo?

FLORES Y ESPINAS

De hecho,
yo no tengo tantas flores.
Yo tengo más bien pequeños brotes de vida.
Y cada brote puede florecer o marchitarse,
según el amor que le acecha.
También tengo muchas espinas.
Y cada espina me clava un cuento
de buenas noches
o, incluso,
de buenos días.

¿Que si tú eres un brote o una espina?
Pues no lo sé.
Florece o clávame un cuento
y te lo diré.

AMAPOLAS

Una huella ambigua
me delatará: aunque
mi noche habrá llegado,
te amaré desde allí,
desde aquel alumbrado.

Los pájaros caen
sin deseo alguno
de clavar las estrellas
en mis ojos cerrados.

Entre todas aquellas
penadas amantes,
mi susurro será
tu recuerdo maldito,
ya que nadie te ama
tan brutal, tan bonito.

Amapolas lloran,
se manchan los campos;
semidiosas caminan
por verbenas de quienes,
sin saber, me imaginan.

Echa tierra. Sueños
apagan la luz.
No hay placer vagabundo
de pararme la marcha
de este mundo cruel,
de este ilusorio mundo.

ASÍ COMO

Así como el tropiezo no es nada sin su despiste,
así como una sospecha no es nada sin su duda,
así como las pinturas no son nada sin los colores,
así como una carta no es carta sin sus palabras,
así como el velero no es velero sin sus mares,
así como la tormenta no es tormenta sin su viento,
así como la lluvia no es lluvia sin sus nubes,
así como los amores no son nada sin sus deseos,
igualmente, yo no soy yo
sin ti.

PARÍS

Sumiso a mi amor, el deseo loco de tus manos.
Las curvas de tus labios redondean, finas, mis besos.
Miro tus ojos y aún veo las memorias de un París
que, sin nuestro «je t'aime», se quedaría en el olvido.

La lluvia quiere atravesar mi ventana.
Afuera, todo se escurre ambiguo, como una pintura
desteñida. Sabíamos que habrá gente que dirá:
«¡Esta es la chica que le desveló no solo sus pechos,
sino también sus sueños!». Nos reíamos insolentes.
Insolentes como tu mirada mientras me tenías;
como las sábanas que guardan nuestras noches en vela
a pesar de tu ausencia, a pesar del antiguo París.

La lluvia se me insinúa con descaro. Por las calles,
la gente pasa encogida, en mi mundo se hace de noche.
Enciendo mi lámpara. En el silencio sombras vigilan.
Cierro los ojos y escucho un «je t'aime» que arremete
contra mi soledad. Ahora ya sé dónde me esperas.

BIOGRAFÍA

*(A mi madre, la mujer
más valiente que conozco)*

Llevo dentro de mí
un puñado de tierra,
una mirada brillante
y un pájaro azul
que ha olvidado volar;
un verano tardío
y un trozo negro de noche.
De mi corazón
cuelgan arcoíris y lluvias
para enseñarme a atrapar,
entre dos palabras,
pájaros demasiado azules,
veranos tardíos como el invierno.
Las noches con botones de estrellas
me recogen el silencio
en un cofre astillado
listo para la aduana.
Todo esto llevo y en ello
te encuentro,
triste y callada,
madre,
mi astral epicentro.

SALVACIÓN

Me lancé en tu vida con la desesperación, el llanto y la tristeza del jugador a la ruleta rusa. Y me preguntaste de dónde viene aquel deseo loco porque tú no sabías que, en aquel momento, yo solo ansiaba la paz. Buscando tus abrazos, había escapado de una ráfaga de sentimientos que me corrompía por dentro. Devoraba cada mirada tuya, husmeaba cada movimiento tuyo y, alborotada, rota, agarraba las palabras, y mis lágrimas de impotencia gritaban todos mis arrepentimientos, mi dolor, mis angustias. Ya no sabía dónde estoy, ya no sabía qué era más fuerte: tu encanto o mi desesperación. Y seguía llorando mientras echaba a descansar mis sueños rotos, a tus pies. Buscaba tu mirada. Recuerdo los susurros de tus pasos: venían a salvarme de mí misma. Y me dejé llevar por todo lo que te rodeaba, para curar mi ira, para domar mi corazón. Allí fue cuando entendí que mi paz eres tú.

A TI

Ahí, ahí... Quédate ahí. No te vayas de este rincón, no vaya a
ser que te mezcles con los demás. Ya sabes que este pedestal, que
te sujeta como una concha sujeta su perla, este pedestal lo he
creado solo para ti. ¿Te he contado que toda tu ternura está en él?
¿Que he cogido en mis palmos cada soplo de tu corazón y lo he
escondido en él?
Tú no eres como ellos.

¡¿Qué saben ellos de entregarse totalmente, sin garantías?!
¡¿Qué saben ellos de esperar que la mariposa salga de su crisálida?!
¡¿Qué saben ellos de moldear cada línea recta, hasta transformarla
en un hermoso círculo?! ¡¿Qué saben ellos de ver la belleza de las
nubes cuando llueve?! ¡¿Qué saben ellos de no desflorar el verde
del prado para que este pueda alumbrar sus flores?! ¡¿Qué saben
ellos de leer las comas en un poema y no tropezar con ellas?!
¡¿Qué saben ellos de enseñar que, en el amor, el dolor no duele,
las lágrimas son de alegría y el suspiro es de placer?! ¡¿Qué saben
ellos?!

Me dan pena.

Lo habíamos hablado, ¿te acuerdas? Decías que, con ellos o sin
ellos, las mañanas son igual de despiertas. Diría: a pesar de ellos.

Anchos, están allí, en su mundo superfluo, entre sus medio-
cridades.

No te acerques a ellos, por favor. No vaya a ser que esta auto-
suficiencia que callejean nos desgarre el cuento. Déjalos allí.
Tú no eres como ellos.

HERMANAS

Estamos sentadas en un trineo. Hay tanta nieve alrededor que, tal vez, esto es lo que nos hace tan felices. O tal vez somos felices porque aún no sabemos lo que la vida nos haya guardado. Tus ojos achinados, tú, mi otra mitad donde, cuando me siento *huérfana*, encuentro a nuestra madre, a nuestro padre; tú irradias, además, tranquilidad y confianza. Qué raro, ¿no? Qué raro en ti transmitir tranquilidad. Nunca has sido una persona tranquila, siempre subiendo y bajando, siempre a la derecha y a la izquierda, siempre en todas las partes, con prisa e inquieta. Pero supongo que, en esta foto, la tranquilidad que transmites es la que prevé la tormenta. Y, aun así, eres la pared que me apoya. Como una pared apoya una hiedra. Mi punto de estabilidad en mis momentos de debilidad. Siempre me ha faltado algo que tú siempre tuviste. Siempre fui la calmada. Y lo soy.

No quiero buscar culpables por todo lo que no he hecho. Supongo que hay quien supera su propia condición y hay quien se acostumbra a una etiqueta. Supongo que me he acostumbrado a esta atonía. ¿Por comodidad?, ¿por creer realmente en lo que, tal vez, no soy? Ni yo lo sé. Ni quiero pensarlo más. ¡Qué más da ahora! ¿A quién le serviría?

Vuelvo a mirar la foto. Creo que tenemos unos 10-11 años. Se podría decir que fueron los mejores años de nuestra vida. Dos mitades juntas, pero, desde aquel entonces ya, tan increíblemente *lejos* una de la otra.

¡Los mejores años de nuestra vida! Jugar a las profesoras y escribiendo con tiza por debajo de la mesa o encima del armario con ropa. Saltando, desde el armario, directamente en la cama y, por eso, riéndonos como locas; deslizándonos encima de la cómoda lacada, como encima de un tobogán; calzando los zapatos de charol de mamá, vistiendo su bolero negro de terciopelo, buscando los pasteles por todas partes, mamá riñéndonos a sabiendas de que nos los íbamos a comer todos.

El otoño con sus conservas, el calvario de cada niña de aquella época tan auténtica y tan comunista, repleta de colas para comprar cualquier cosa.

Colas para comprar leche, verduras, pan, carne… La suerte de aún encontrar en la tienda naranjas.

La casa patas arriba durante la limpieza de Pascua y Navidad.

El chicle *nacional* horroroso: sin sabor y duro como un trozo de madera. Los helados *vafe*.

El dictador saliendo en la tele a todas las horas… Las películas chinas y rusas…

Y en medio de todo esto, ¡dos niñas tan distintas!

Miro la foto de nuevo. Me asombra cómo hemos sobrevivido en medio de aquella infancia cuando subir en los trenes vacíos y jugar al controlador de billetes era uno de los juegos preferidos. Aún me pregunto cómo es que nunca hubo un tren que nos llevara a ninguna parte.

¿¿Te acuerdas de cuando escalábamos las plantas de los edificios sin acabar?? Esqueletos de hormigón, el carburo con su olor… Las monedas que poníamos encima del ferrocarril para que el tren las aplastase.

Benditos años que, una vez con nuestra ida, se quedarán en el olvido.

Pienso en lo que somos ahora. Sin querer, miro la foto otra vez y lo único que reconozco son tus ojos achinados y mi sonrisa complaciente. Se podría decir que la vida nos ha dado muchas vueltas. Pero siempre hemos caído de pie. Porque tu inquietud te sigue llevando a mil partes; tu ansia aún te hace descubrir rincones escondidos; el cansancio sigue sin derrumbarte, sino empujándote aún más lejos, hasta más allá de ti misma. Y porque mi calma sigue apaciguando todo lo extraño que me rodea.

Por última vez, miro la foto y me doy cuenta de la paradoja que esas chicas del trineo traspasan. Dos almas en un mismo trineo como una pared y su hiedra en el mismo jardín.

LA ABUELA

Veo a una anciana que se limpia los ojos con un pañuelo viejo, descolorido por el sol. Tiene una mirada resignada, sus ojos hace tiempo que dejaron de hacer preguntas. No porque conozca todas las respuestas, sino porque se ha acostumbrado a su pequeña felicidad: los hijos que se han marchado lejos, a la ciudad, la miran desde un álbum-foto colgado en la pared; luego el jardín, sus gatos —ahora sus *bebés*—, la cola del perrito ondeando al viento y su mirada alegre tras cada hueso o trozo de pan; la morera sujetando un columpio que espera… Por encima de todo esto, vigilante, el abuelo, que parece eternamente enfadado y, de vez en cuando, de vacaciones: la nieta, cuya risa alegra el jardín y los días de los abuelos…

Quien dijo que los recuerdos duelen sabía que pueden doler de felicidad, tristeza, nostalgia, de tantas maneras, ¿sabía que es más doloroso perder algo que se tiene en lugar de desear algo que nunca se tendrá?

Cierro los ojos e intento acercarme a mi abuela. Hará unos 20 años que no la veo y, en nuestro último *encuentro*, estaba *dormida* (así como mi abuelo me susurraba suavemente al oído para no *despertarla*). Estaba casi igual que siempre, pero ahora vestida con su ropa de mudar; parecía vestida para una fiesta… La miré y me vinieron recuerdos a la mente: los botes de confitura escondidos en la caja grande de pan («que no los encuentren los mayores, que no te las quiten»); mi abuela pidiéndome que coma; mi abuela haciéndome vestidos para las muñecas; el almiar de maíz, delante de la casa, rodeado por el tusilago; las luces de las ascuas reflejadas en el techo, por la noche, a la hora de dormir, cuando la abuela me contaba cuentos, acurrucada a mi lado; el gato ronroneando somnoliento a nuestros pies; la música de la radio que llenaba las mañanas cuando el abuelo no estaba a casa. Pero, sobre todo, recordé a la abuela esperando: esperando que sus hijos vengan de la ciudad; esperando que yo vuelva del pueblo, del juego, o simplemente... que venga.

Sombras pasadas, tiempos con olor a polvo y heno, una yaya como nunca ha vuelto a nacer desde entonces, una niña corriendo por el polvo al oír el grito del abuelo desde lejos: «¡Lilicaaaa, hay teatro en la radio!». Recuerdos de la guerra, de la juventud de la abuela (¡tan difícil de entender que la abuela también fue niña!), la niña pidiéndole a la abuela: «Yaya, cuéntame más. ¿Cómo era cuando ibas tú a la escuela?».

Recuerdos que duelen. Recuerdos que siempre busco, que intento revivir... Cierro los ojos e intentando hacer volver a mi abuela, revivo cada roce de su mano, cada mirada, cada arruga y cada pelo blanco que cae de debajo de su pañuelo...

¿Dónde están esos años...? ¿A qué constelación han huido?

EL PUEBLO

Este diciembre árido de nieve y de frío me lleva años atrás, a los inviernos blancos, que adornaban las casas con carámbanos de hielo. A los inviernos con chimeneas que suspiraban, por los tejados, columnas finas de humo que parecían que con pena se despegaban del calor que los había nacido.

Imagínate un campo blanco. Impoluto. Tan blanco que, si lo pusieras en el cielo, sería casi transparente. El blanco se extiende a la derecha, desde la mancha marrón oscuro que dibuja esos árboles hasta el camino de la izquierda que arrastra una carroza como una pelusa llevada por el viento. Entre los árboles y la carroza no hay nada, excepto este trozo blanco, virgen aún, que todavía no lo ha manchado nada: ni un pájaro perdido, ni una huella que buscaría su trayecto, ni un trozo de tierra desnudado por algún rayo de sol. La nieve está descansando junto con toda la vida que se ha parado bajo sus entrañas. Todo está inmóvil y la nieve es tan densa que puedo escuchar el silencio.

***

Si me preguntas cuál es el lugar que me ha marcado más en mi vida, te sorprendería saber que no fue ni la ciudad donde nací, ni la capital donde viví unos buenos años. Fue el pueblo. No te rías. Aquel lugar encogido, donde algunos dirían que nunca pasaba nada, pero que para mí abría un mundo entero. Tal vez por eso mismo: su sencillez, su vida aún no pervertida por la viciosa modernidad no invitaban a nada, y esto me obligaba a invocar mi mundo interior, abarrotado de fantasía y visiones. Inventaba cuentos de hadas donde cosas tan prosaicas como una rama de árbol, una teja o el columpio encontraban su sentido. Así, la mazorca de maíz era una princesa; las hojas de la morera eran sus vestidos; la carretilla era una carroza de gala; la mariquita, un emisario enviado por un príncipe; y yo, la guionista de todas mis historias, hacía nacer personajes, esbozaba dramas, acababa con reinados y destinos o repartía felicidad a quien se me antojaba. Allí tenía la plena libertad de soñar sin dejar de ser yo misma ni un instante.

***

Acabo de bajar del tren repleto de gente, la mayoría campesinos que vuelven desde la ciudad a sus casas. Desde donde estoy mirando, desde la vieja estación de tren, diminuta como un juguete olvidado por allí, por algún niño despistado, puedo ver lejos el pueblo.

El viaje ha sido largo, pero, rota del gris urbano, lo encuentro pintoresco, con su gente humilde que habla un dialecto tan familiar. Cuando vuelvo al pueblo, me siento como un río que se vierte en el mar: no le pertenece, pero el río *sabe* que allí tiene que llegar. Puede que te haga gracia, pero me siento igual que el río: sé que no le pertenezco al pueblo, pero siento con todo mi ser que allí debo volver. Siempre.

En esta pequeña estación creo que habremos bajado unas cuatro personas. Desconocidos. Los escucho hablando y, de repente, tengo una fuerte sensación de cercanía hacia estos tres hombres; los mismos pensamientos y el mismo sentimiento que se tienen cuando vuelves a ver unos amigos de toda la vida. Sus formas de hablar, el dialecto me recuerdan a todo. A mi infancia, a mis amigos, a la gente del pueblo en general. A pesar del frío que hace, en ese momento, estos tres hombres me dan la más calurosa bienvenida que podría tener. Hablan de sus animales y del tiempo. Cosas que no me interesan mucho, la verdad. Me interesa más llegar. Antes de empezar la subida por el camino empinado, miro unos instantes el campo largo, cubierto de nieve, que se estira delante de mis ojos como una sábana blanca recién lavada, extendida para secarse. A la izquierda, el camino, congelado, me espera paciente, como un viejo compañero que sabe que, como siempre, vendré. A la derecha, veo el puñado de árboles que cubren la casita más antigua de todas las viviendas de la zona. Y enfrente, allí donde el campo de nieve acaba, se asoma tímido un tejado con su chimenea humeando.

Será otro invierno en el pueblo. Cada año me trae un invierno más para pasar entre esas casitas como unos juguetes, con esa gente simple como un campo de nieve, pero tan sorprendente como la naturaleza que la misma nieve esconde.

Subiré el camino, entraré en el pueblo, giraré a la derecha y, después de unos 400 metros, llegaré a la chimenea humeante que me estará esperando. Llegaré allí donde cada año dejo a descansar, junto a la nieve, mi corazón. Llegaré a aquel bendito lugar que me hizo creer que si una mazorca puede ser una princesa, entonces cada sueño tiene su realidad.

ÍNDICE